Edité par BoD, 12/14 rond point des Champs Elysées, 75008 Paris
ISBN 9782322011841
© Engelbertus van den Heuvel, 23 rue des Tulipes, 70800 Fontaine les Luxeuil.
e.mail bertus@vandenheuvel.fr
Imprimé en Allemagne par BoD Gmbh, Gutenbergring 53, D-22848 Nordrstadt.
Dépôt légal décembre 2014

# Corps épluché
## et autres poèmes

Bertus

Ici tu es au début, tu trouveras la fin.

# Bertus
van den Heuvel

## Corps épluché
### et autres poèmes

Éditions BoD - Paris

Mais vraiment, que ferai-je sans toi ?

## C'est parti ...

Maman m'accouchait à dix heures en soirée.
Mon poids avoisinait les quatre kilos. Ce qui fut lourd à porter. L'après midi elle travaillait encore au buffet de la gare d'Utrecht aux Pays Bas.

C'était le début du départ,
on m'avait tourné la tête,
pour mieux voir la tronche de lard
de l'homme qui pète.

Il était haut en autorité
me baffant ainsi mes fesses
comme pour marquer d'innéité
de mon être en confesse.

C'était en septembre 1942, Maman était serveuse, spécialement affecté au poste de café. Ce breuvage était, comme c'était l'usage, conservé dans un grand récipient, une sorte de super-thermos qui gardait le café au chaud. Pour servir, il suffisait d'ouvrir un robinet.

C'était comme une horde,
agenouillée comme à l'abreuvoir,
bas planeurs comme des butors
se prenant pour des pouillards.

Mais ces derniers jours, Maman était affectée à la plonge pour camoufler son ventre, rempli de moi-même avec mes quatre kilos et les accessoires.

Papa s'occupait de ses affaires. Il, était beaucoup plus sain pour lui de ne pas trop se montrer. Il n'avait vraiment pas envie de se faire enrôler d'office comme travailleur volontaire en Allemagne.

C'était la guerre. Ma famille du coté de mon père se scindait en deux camps. L'un était plus ou moins dans la collaboration avec les occupants, l'autre, dont papa, était plus ou moins dans une sorte de résistance, voire désobéissance.

> Quand t'as envie de dire
> l'autre vérité en somme
> tu pèses le pour et le pire
> ou bien tu pardonnes.

## Courir

Si tu penses de courir dans la savane,
ton regard perçant
comme un chat-huant
pour découvrir des trésors cassidoine*
aux éclats chatoyants,
Fuis les pieds léchés,
tends tes mains
et prie de te lever
dis, qu'il n'y a rien à vendre,
rien à dire, rien à offrir,
sauf la tendresse en échange.

Ainsi retombé de son piédestal,
au profond de la marée.
Là où personne n'a voulu chercher.
Y-a-t-il encore des rêves à l'étal ?
De discours en vérité,
Que c'est étrange de vouloir aimer.

* Sorte de pierre précieuse dont les anciens se servaient pour faire des vases

## Je t'aime

Si un jour je ne peux plus voir
changer la couleur de tes yeux,
que je ne peux plus
jouir de la tendresse de ton amour,
Sache que je ne cesserai jamais
de t'aimer
bien plus loin que la fin du monde.

## Ton Héros

C'est au long des prés coupés aux foins rangés en lanières pour mieux sécher que j'ai aimé courir en éclats de rire.

Moi, qui voulus t'attraper pour une culbute amoureuse, me guidant à la lumière de l'éclat de tes cuisses sous ta jupe glorieusement courte, où je saurais suffoquer dans une étreinte farouche et me perdre dans la folie de vivre.

Tu planterais tes doigts dans mon corps pour que je resterai en demeure. Nous irions crier notre paradis, parce que c'est comme ça que tu m'achèverais comme ton héros.

## Hier

Hier je t'ai tendue la main,
T'as regardé de l'autre côté.
Je t'ai observé en vain
Avec ta sincérité rabiotée.
Cloche pendue,
La sonnerie en silence,
Tirer la corde main nue,
L'abreuvoir en potence.
Je t'ai donné bien du fil à tendre,
Des soucis que t'as inventés,
Des promesses réduites en cendres.
Tant de vérités tétanisées,
Hier encore je t'ai donné à boire,
Le pain à partager.
T'invitant à t'asseoir
Et venir manger.
À ce jour t'as voulu être l'incompris,
Qu'on ne saisit plus en aise
Devant mon regard ébahi
D'un espoir trop obèse.
Il me reste à croire
Que tu puisses encore partager le pain
Que tu puisses encore t'asseoir,
Voir que je tends la main.

## Miraculé

Je suis un miraculé,
l'incroyable chance.
Je l'ai vu à la télé,
On a parlé de la France.
Je suis un miraculé,
J'ai le droit de discuter.
Je l'ai vu à la télé,
avec mon député.
Je suis un miraculé,
Je mange à ma faim.
Je l'ai vu à la télé,
J'ai droit au pain.
Je suis un miraculé,
Un jour je vais mourir.
Je l'ai vu à la télé,
Pas besoin de courir.
Je suis un miraculé,
J'ai de la sagesse.
Je l'ai vu à la télé,
Que rien ne presse.
Je suis surtout un miraculé,
Parce que je sais que tu m'aimes.
Je ne l'ai pas vu à la télé,
Quand même !!

## Parader

C'est bien loin d'être un mythe,
Il faut bien que cela soit dit.
Même si tu cours après ta fuite
Sous les couettes de ton lit.
L'impression solennelle des paroles
Vidées de leur sens profond,
Transformées en histoires drôles
Brouillonnées au crayon.

Depuis les temps mémorables
Ne peuvent allumer l'artifice en bouquet
En passion de conter des fables
Au fin fonds des mastroquets.
C'est difficile de se tenir à distance
Levant le verre de l'amitié,
Souhaitant avoir la chance
de ne plus devoir mendier.

Alors avancer, attaquer et posséder,
Passer en outre mesure,
T'auras le droit de parader
Devant les énigmes du futur.

## La suite

Ça fait des nuits et des jours
Que j'aimerai suivre la suite
Que j'aimerai faire un autre tour
Dans le passé en fuite.

Ça fait des nuits et des lustres
Que j'attends pour te dire
Que j'aimerai être illustre
Pour mieux grandir.

Ça fait des jours et des nuits
Que ma vie respire
Que je sors le parapluie
Pour écouter le pire.

Ça fait maintenant belle lurette
Que je n'écoute plus chanter
de stupides chansonnettes
Des diables sans queue à tenter
Ça me fait grand plaisir
De te dire en complice
Que l'amour laisse enduire
La lumière d'un sourire.

## Le cochon

Hier j'ai vu de mes yeux vu
de mon propre œil quoi
se promener comme rien de rien
un cochon tout nu
devant une foule en émoi
une foule en va et vient
Le cochon en cause
se déplaça avec stupeur
et pas à pas, effrayé
Aussi je le mets en prose
pour conter la sueur
d'un cochon destiné au dîner
Le cochon ne savait pas
qu'on lui jetait un sort
de le convier à une marmite
lui réservant de main ferme
avec franchement peu de confort
Une cuisson bien à terme
Le cochon n'étant plus cochon
et transformé après quelques manipules
au bon plaisir des palais
en belles tranches de jambon
et d'autres délices multiples
Frôlant les excès des gourmets
Du boudin aux carrés
de lard, et des pieds grillés
coupés en longueurs

le foie transformé en pâté
les oreilles épilées
avec le nez fardé en farceur
Il y en a pour se prendre
pour un cochon vice-lardé
bronzé grilladesque en marmite
pour bien se fendre
en rire et de goguenarder
en suçant une frite
C'est bien compliqué
la confusion humaine
des appellations non contrôlées
Ainsi que carrément confisquées
ne se donnent plus la peine
des principes sacrés.

## Baume

Baume sur la terre
Baume sur la lumière
Baume sur la guerre
Psaume à chanter
Psaume à décanter
Psaume à vanter
Amour à vivre
Vivre à être ivre
Pointer un chiffre
À tout faire ou rien
Penser pour savoir
Porter pour croire
Se voir dans un miroir
Parler, se taire de rien.

## Ce jour là c'est arrivé !

Quelqu'un avait couché la bouteille vide. Simplement sur le côté en prenant soin de bien caler puisque une bouteille est, comme tout le monde sait, généralement ronde.
Nous étions beaucoup, peut-être trente, peut-être même trois cents ou trois cents mille
Je n'ai pas compté. Tout dépend des déclarations des compteurs officiels, médiatisés et même syndiqués.

Le goulot était ouvert. Quelques malins et imprudents avaient mis une échelle pour accéder au goulot. Curieux de savoir à quoi servait la bouteille avant d'être vidée.
Ils accrochèrent une autre échelle, souple, pour la dérouler jusqu'au ventre plat de la bouteille.
Nous étions très malins, et prévoyants.
Je dis nous, parce que je faisais équipe avec les explorateurs du ventre de la bouteille.
Sauf que je n'ai pas pu descendre de suite.
Une indisposition m'empêchait de partager le bonheur de cette expérience hors norme.

Le ventre de la bouteille commençait à être bien rempli. Chacun et chacune des explorateurs regardaient autour de soi en

prenant bien note de toutes les découvertes. Comme entre autres le degré de l'arrondi de la paroi de la bouteille. Il était évident que le créateur de la bouteille devait être gigantesque, puisque la bouteille pouvait contenir un très grand nombre d'explorateurs et autres curieux. Le proprio de la bouteille devrait être un Géant hors norme.
C'est ce que nous nous disions. Personne n'avait vu en réalité le personnage.

Les discussions allaient bon train. La grande difficulté était que nous avions perdu le contact avec l'extérieur, puisque le signal G ne passait pas. Que cela soit la 2, 3 ou même la 4G.
Il y avait bien l'échelle, mais quelqu'un l'avait décrochée, quand il était remonté en fraude. Il fallait demander l'autorisation au chef du peuple de la bouteille pour sortir individuellement.

Le peuple ainsi embouteillé pria toute la journée et parfois aussi la nuit. Rien n'y fut. Nous étions au creux de la bouteille et en toute vraisemblance, nous y resterions. De toute façon le chef du peuple embouteillé ne

donnait pas son accord. Lui et ses acolytes avaient les meilleures places. Les conditions de vie des moins nantis n'avaient pas la priorité de leurs occupations.
Entre temps le grand Manitou avait redressé la bouteille en position débout. Tout le monde se bousculait au fond, surface bien plus petite que le flanc de la bouteille. Il manquait de la place. Les gens se massacraient entre eux pour avoir une place au soleil, pardon au fond, pour mieux vivre. Même les chefs étaient légèrement bousculés.
Le Géant, pas aveugle du tout, puis pas sourd non plus, écoutait enfin les prières du peuple et remarquait qu'il y avait de la vie dans sa bouteille.
Aussi, attendri par tant de souffrance, il introduisait une paille pour nous sauver.
Les plus courageux des nantis d'entre eux, se dévouaient à acheter leur place et d'apprendre comment sortir. Les passeurs professionnels se mirent en place, caisse ouverte.
Il fallait passer par l'intérieur de la paille, pour que le géant puisse faire remonter tous ces gens par simple aspiration.
Une fois arrivé ils découvraient enfin le Paradis.

Les gens hors-bouteille applaudissaient avec beaucoup de regards. Un souscription était lancé pour leur venir en aide.
A la télé on créa un Décapsuleton et produit par la télé-réality.

Le Géant estimait qu'il n'y avait plus personne à aspirer, il prenait la bouteille et la remplissait d'eau avec un peu de sel. L'eau de mer quoi.
C'est que le Géant avait soif avec tout ce boulot. Il tourna la paille, secoua la bouteille et en buvait un peu, puis encore un peu puis encore, encore...
Le Géant se saoulait parce que la fermentation poursuivait son destin.
C'est comme ça que tout le monde pouvait sortir quand même de la bouteille, mais cette fois ci, transformé en compost pour mieux nourrir la terre.

Pour ceux et celles qui lisent ce texte, il y a bon espoir que vous faites partie des gens sortis par le bon côté. Posez-vous devant votre miroir et demandez- vous :
« Oh mon beau miroir, toi qui sait tout de moi et reflète mon image, dis moi qui je suis. Dis moi si j'ai pris le bon chemin ? »

Celui qui monta en fraude et avait décroché l'échelle souple, a eu très peur avec la remontée des gens. Devant une si grande honte il préféra se suicider.

Les autres mouraient comme de coutume après cette mémorable période de desembouteillage.

Pour ma part, je me demande si je suis peut-être immortel. Je vous le dirai, quand cela sera le moment de la vérité ultime.

## Rotations

Oh ! Que c'est bien de manipuler !
De pousser à gauche ou à droite,
Puis encore vers l'avant,
Mais jamais en arrière,
cela fera trop reculer.
Cela me fera des mains moites
Cela me fera serrer les dents.
Pour me plier en équerre,
Il me faut manipuler.
Vers l'avant et ne pas reculer.
C'est mieux d'être devant,
Même si c'est en parlant.
Alors, manipule ou manipule pas ?
« C'est là, toute la question ».
Être pion ou ne pas être pion,
C'est selon le cas.
Moi, je cherche mon chemin,
C'est devant, c'est certain.
Et tant pis pour toi dans le pétrin,
Tu n'as qu'à suivre ma main,
Pour t'indiquer mon venin.

# Butiner

Si tout le monde déménage au fond
D'une fleur des champs
De quelconque couleur
Nous jouons des airs
Chantons en chœur
Plus personne n'a de raison
De se taire, et moi te dire je t'aime
Aimer la vie des autres et soi-même
Plus besoin de s'affliger du pardon
De vouloir la liberté en reine
Si tout simplement tout le monde
Déménage au fond d'une fleur
On chante, danse et butine en rond
Sans remords de son sort
Alors, ici-bas, le voisin
Serait moins pénible au festin
De tout le monde d'une fleur
Aux mille couleurs.

## Promenade matinale

Ce matin je me suis levé tôt,
Pour promener mon chien.
Aux chemins de mon village,
Longeant trottoirs et caniveaux.
Tournant en rond et pas trop loin,
Sous l'œil de mon voisinage,
Rideaux et stores écartés.
Jubilant de joie et d'ivresse,
De voir mon chien en laisse,
Faire ses besoins patte levée.
Ce matin je me suis levé tôt,
Pour promener mon chien
Et regarder mon voisin,
Ouvrir sa porte et sa bouche
Avec un bruit entrebâillé.
Dans sa main un bout de pain,
Beurré juste ce qui faut.
S'asseoir sur une vieille souche,
Écouter le temps et des merveilles,
Qu'on n'imagine même plus.
Ce matin je me suis levé tôt,
Pour promener mon chien.
Voir la vache de Germain,
Mâcher comme une américaine
du bon chewing-foin.
C'est la campagne à ce qu'on dit.
La vie est bien plus saine,

Ici on meurt sur son lit.
Loin des entrailles de la ville,
Ce matin, je me suis levé tôt,
Pour promener mon chien.
Et j'ai fait bonjour à Gabrielle,
Avec un hocher de tête.
Et aussi à Géraldine l'autre voisine,
Elle aime beaucoup faire la fête.
Parler de ses découvertes
un peu comme on imagine,
La vie les pleurs et les rires,
Des gens qui n'ont rien à dire.
Ce matin, je me suis levé tôt,
Pour promener mon chien.

## Mal au ventre

Ce matin j'ai mal au ventre,
Là, en milieu en dessous le nombril.
Puis à coté, là un peu plus haut
Et un peu plus bas aussi.
Ce matin j'ai mal au ventre,
Tu vois, ma santé ne tient qu'à un fil.
Sombre avec un rien qui faut
Un peu par là, un peu par ici

Ce matin j'ai mal au ventre,
J'ai mal partout, tu peux me croire.
Si tu as ce sourire plein de didines,
De l'amour pas périssable,
Je suis certain de ne plus souffrir
De mon mal au ventre.
Et ailleurs aussi.
Comme ça je n'aurai plus rien à dire.

## Le Coq Perché

Le coq chante en haut de son perchoir,
Bon, c'était avant, parce que aujourd'hui
Il n'y a plus rien à voir.
Le coq, légèrement endormi,
S'était fait attraper en un tournemain.
On lui coupa le cou sans discussion
Il battait des ailes, mais en vain.
Muet, privé de ce que tous les coqs font :
Chanter tous les matins très tôt,
Réveillant le monde et ses poules
Pour aller pondre,
Avant de terminer en poule au pot.
Le coq ne chanta plus,
On lui arrachait toutes ses plumes
Et aussi ses entrailles,
Pour l'enduire de quelques agrumes,
Parfumer sa chair frottée de paille.
Des morceaux trempés
dans le jus de raisin,
Un peu de poivre et de sel,
des épices aussi.
En marinade pour faire un coq au vin.
Le perchoir étant devenu vacant.
Il y avait bien quelque poule,
pour essayer le chant.
Mais malgré l'effort, il n'y a plus foule.
Poule n'est pas coq fort avec la puissance.

Une voix si haut perchée.
Chantant avec une grande aisance
Réveillant même le clergé.
Jusqu'au jour où le coupeur de cou,
Après avoir bien mangé
le coq en morceaux,
Ne sort plus de son lit si doux,
Et allongea le temps de son repos.
Il ramassa les œufs trop tard,
N'avait plus de temps de faire son temps
Et commença à faire du lard.
Regretta le chant,
le silence n'avait pas de sens.
Ça ne réveille pas pour faire
ce qui est à faire
De ses journées en retard.
Il se pressait vers son voisin,
Acheta le fils de son coq,
grande voix reconnue,
Fils aussi d'une poule très saine,
Aux allures vraiment dodues.
Le coq si jeune prit siège au perchoir
Ne sachant pas encore être sage,
Ce qui n'est à son jeune âge pas rare.
Les poules amoureuses de son jeune âge,
Lui assuraient que la sagesse et la voix.
Qu'il prenne en toute patience le temps
d'attendre à chanter ses aubades,

À son heure de gloire,
avant de terminer en marinade.
L'histoire se répète sans faille,
Coq, poule, chien ou homme,
Tout se répète dans l'éternité,
Rien ne disperse la vérité en somme.
Nous allons servir en toute liberté,
En nourriture ou en engrais.

## L'Orateur

Fasciné de son pupitre
En discours et défense de son titre
Tape avec discrétion
Sur le micro pour faire un son
Caresse le bois bien ciré
Debout comme amarré
En vérité et certitude
Gonflant en amplitude
L'orateur avec large sourire
L'œil sur le texte à lire
Timide et regard en cieux
Les mains en creux
Livre bataille
Malgré sa haute taille
À étaler son savoir
Avec un certain désespoir
Ne sachant pas son texte
Et même pas le contexte
Obligé de lire les écrits
Que son nègre lui a prescrit
Jusqu'au jour viendra son tour
Lors d'un mauvais discours
Parfumé des vilain mots
Des mensonges bien gros
Le nègre se précipite
Et s'empare du pupitre
Se clamant de tout savoir

Il suffit de le croire
Las de s'exprimer en cachot
Par des mots en flots
Au service de son prochain
Avec l'accent de ses mains
Posant devant son miroir
À voir, qu'il laisse croire
En son grand talent et sagesse
D'orateur, pour dire la messe
De la vérité et de son autorité
Prônant l'amour de soi-même
Par des « bravos » qu'il aime
Puis la panne de plume,
qu'il assume
Par manque de passion
Et trop d'autosatisfaction
De lire ce qu'on va lui dire
Quand il arrête lui aussi d'écrire.

# Pêcher

Demain matin je t'invite à aller pêcher,
Demain matin je t'invite au bord de l'eau,
Observer les courants nouveaux.
Tranquille, assis sur ton fessier.

Je t'invite à nourrir à l'hameçon
Les poissons infiltrés dans ton coin,
Surveille bien ton bouchon
Pour attraper cette proie avec soin.

Faut être dingue, à mordre dans un appât
À l'hameçon aux aqua-friandises,
Transperçant l'objet du désir,
C'est stupide, quoiqu'on en dise.

Le destin d'être poisson et mouillé,
Sous une canne savamment perchée,
C'est la grande débrouille
Pour éviter d'être captivement séché.

L'art de noyer le poisson,
Condamné en coupable d'avoir la dalle,
Pour un peu de nourriture d'exception,
Le privant de son identité originale.

Il y a des jours que je suis, dit-on
Comme un poisson dans l'eau.

Envie de chanter « ainsi font font »
Dans un monde sans défaut.

Être pêcheur ou être pêché,
C'est peut-être la question.
Ou être mouillé ou séché,
Poisson ou pêcheur c'est qui le con ?

## Murmures

Mu, mu, mu, murmure
Doux, doux, c'est sûr
Pa, pa, pa, parole, t'es mon idole
Toi, toi, toi, moi, toi
C'est nous ça va de soit.
Tou, tou, tou, ça fait le tour
Pour toi, je suis en amour
Dis, dis-moi
Je te veux, toi, toi, toi.
Viens, viens dans ma cour
Dans ma cage d'amour
Cou, cou cou, couche-toi
Tout près de moi
Je te ferai la cour
Pour te dire mon amour
Mu, mu, mu, murmure
Doux, tout doux, c'est sûr
Pa, pa, pa, parole, t'es mon idole.

## Lou Lou

C'est que tu m'observes
Ton pif me frotte la vérité
Avec ton air de liberté
C'est que tu m'observes
Couché sur tes pattes
Avec tes puces que tu grattes
C'est que tu m'observes
Mon ami, de ton œil éclairé
Et moi le cœur serré
C'est que tu m'observes
Je le vois bien mon ami
Même si je n'ai pas tout dit
C'est que tu m'observes
Comme t'es couché
Et les soupirs que tu pousses
C'est que tu m'observes
Toi mon chien
Toi et moi, c'est simplement bien

## Carnet de vie, Carnet d'envie

Ce matin j'ai regardé autour de moi,
Aveugle de ne pas comprendre
ce que je vois,
Les images d'irréalité certaine.
La vérité d'être, vérité en chaîne.
La poussière s'envole à basse altitude,
La brise comme un prélude,
Portant la nuit et la lumière.
Dans un vaisseau,
navigant au son d'une prière.
Mouvements incompris,
libertés dérisoires,
Entassées dans les profonds
de mes mémoires.
Mémoires défaites, mémoires refaites,
Éparpillées, envolées en miettes.
Carnet de vie, carnet d'écritures,
Carnet d'envie, carnet de murmures,
Carnet de vie, carnet des bruits,
Carnet d'envie, je n'ai rien dit.
Trois cents soixante cinq jours
dans une année,
Un long chemin au parcours
parfois abîmé.
Pour revenir inlassablement
au premier jour,
Au début de mes pas

pour un nouveau tour.
Carnet de vie, carnet d'écritures,
Carnet d'envie, carnet de murmures,
Carnet de vie, carnet des bruits,
Carnet d'envie, je n'ai rien dit.
Ou bien labourer ses champs de vie,
Éliminant les épines de ce qu'on a trop dit.
Mieux être rebelle et
bouger sous influence
D'une vie si belle et en profonde vibrance,
Portant l'amitié,
l'amour et autres sentiments,
Forçant la folie des êtres en contre sens.

## Comme des Moutons

C'est ce jour même,
Au fond du jardin en matinée,
Que j'ai écouté parler les cloches
Des paroles d'un autre temps.
Les graines qu'on jeta comme des dés
Au hasard de mes proches
En riant d'être si drôles.
Savoir lire d'un regard, d'un geste
Fugitif, perçant de haine
Pour ne dire que du bien
De tout ce que je déteste.
Il n'y a pas de fin
A l'aboutissement des peines
Qui ont étourdi les miens.
Les cris se sont vagués,
Dans l'outre raison
Pour tracer leur territoire
Et ne plus savoir rire.
Traqués comme des moutons
Au chemin de l'abattoir
Pleurant de ne pouvoir rien dire.

## Matières à croire

Cramponne-toi, c'est devant
Alimente ton espoir, ça carbure
Accroche-toi bien dans les virages
Tes rêves en mirages
n'ont aucune chance à l'usure
Être borné, immature, sourd et aveugle

Excuses pour ne rien voir
Au son beugle, sans espoir
C'est comme ça la charrette
Qui nous emporte
Loin de notre réalité
Ce que je souhaite
Que j'aimerai te connaître

La liberté est si forte
Que la sonnerie de son existence
Nous rend la vie forte
S'il y a la matière à croire.

## L'Ami

Il était assis loin de lui
Il était assis
Personne n'a jamais dit
De rester assis loin de lui
Alors il se mit débout
Pour aller je ne sais pas où
Il a marché, errant presque nu
Personne n'a jamais dit
Pourquoi on vit ici.
A nouveau il s'est assis
Regarder les gens
Il n'a même pas dit
Que lui ne savait pas non plus
Loin de ces gens, là où il vit
Le ciel se mouche
Éternue en tonnerre
Le soleil se couche
Avec douceur dans la terre
La main d'un ami,
Pour qu'il marche à nouveau
Peut-être même sur l'eau.

## Larmes en écume

Ne t'écoute pas dans la brume,
N'écoute pas les cris de misère.
Les flots de larmes en écume,
S'étouffant pour se taire.
Des lèvres chuchotant en murmure,
De ne pas pouvoir quoi dire.
Face à ceux qui en ont cure,
Que tu n'as pas assez d'encre pour écrire.
Les flots de mots se mélangent
Aux larmes sans bruit,
Les rêves fous se changent
En effroyables ennuis.
Écoute les paroles de la vie,
Écoute l'éclat de son regard,
Le silence de ses cris,
L'amour sans fard.
La traque reviendra en liberté,
Bercée au déplaisir des jaillissements,
Des dépouillements d'Anthée*,
Par Héraclès au gré des vents.

* Une des filles du géant Alcyconée À la mort de leur père lors de la Gigantomachie, elles se jetèrent dans la mer et y furent changées en alcyons (matins-pêcheurs).

## Purge

Folies, lumières, désirs
Être poli et rebelle,
parler pour ne rien dire
Cervelles en bataille,
dérangées et emportées
Tricoter maille par maille,
vivre en initié
Savoir et recevoir,
Sur les chemins à tendance ironique
Matraquage avec un soupçon d'amertume
Comptable des comptes insensés
Plonger dans les fables
des vérités inversées
Calculs en dictature anéantissent l'innocence
Au fin fond de désespoir
Paroles allouées, nuages pollués
Claironnant dans un film noir
Fausses notes en expressions
Transformées en détergeant
Raclant propre aux profits des bienséants
Mots-insultes
et autres agressions en masse
Alors, bienvenue au purgatoire
Mettez-vous à l'aise,
allez-vous asseoir
Attendre la fin de la messe
du néant en kermesse.

## Se cacher ...

Sur les pointes de pieds
J'accours pour t'approcher
T'écouter, te parler
Ne rien pouvoir te dire.
Te voir mes yeux fermés.
Si seulement j'étais une petite poussière,
J'irai pas bredouille,
Pour mieux me cacher
Dans le paisible estuaire
De la divinité de ton corps.

## Dans tes bras

Ce matin même, devant ce foutu foutoir
Loin des bruits et des folies,
J'avais envie de m'asseoir,
Pour te dire « je t'aime ».
Je n'ai rien dit.
Je t'ai regardé par le haut,
Je t'ai vu par le bas, je t'ai observé de côté,
J'ai vu ce qu'il faut.
Fais-je ou ne fais-je pas ?
Le pas qu'il reste à sauter
Avant de faire dodo dans tes bras.
Trace, trace, trace, enlace …

# Fille en orange

C'était la brise d'un jour
L'aube en cendres
T'avais de l'amour à me revendre
Toi, fille en orange
Tu m'attendais
Faut bien que je mange
Je n'avais pas de temps à t'offrir
Comme je disais
Je t'ai parlé de contretemps
Gage à te mentir
Toi, fille en orange
Tu ne vois que des anges
Tu vois comment ils bougent
Sur des nuages rouges
Alors adieu
Je te le dis ici-bas
Loin des cieux
Que je ne reviendrai pas.

# Douleurs et grimaces

Grimaces et douleurs
Douleurs tenaces
Douleurs en chaleur
Douleurs hier et aujourd'hui
Douleurs en face
Douleurs de la vie
Menaces de grimaces
Sortilèges et regards
Douleurs d'espérances
Douleurs en retard
Douleurs et créances
Douleurs en conflit
Porteurs de menaces
Douleurs en défis
Douleurs anéanties.

# Champs

C'était à midi
Que je me promenais
C'était bien ici que je voyais
Les champs d'au-delà
La lumière et les couleurs
Je n'ai plus peur de voyager à tout va
Sur la trace de mes espérances
Voir toutes les fleurs qui dansent
Pour ton bonheur.
Broutent des vaches l'herbe tendre
Même l'éternelle arche
renaît de ses cendres.

## Ma parfaite considération

C'est ici que j'accuse
Avec un simple regard
Afin de te dire que je refuse
ce qui arrive trop tard à croire
Que je pense à te dire
Qu'il y a sûrement de l'espoir
Pour éviter le pire
Aussi adopte ma tendance
Et que tu sois assuré
Que je t'offre mon pardon
Dans ma parfaite considération.

# Identités

Identité faciale
Identité partiale
Identité de mâle
Identité tribale
Identité glaciale
Identité carcérale
Identité principale
Identité libérale
Identité cordiale
Identité intégrale
Identité de la dalle
Identité cannibale
Identité antisociale
Identité sociale
Identité verbale
Identité morale
Identité familiale
Identité vénale
Identité virale
Identité trou de balle
Identité marginale
Identité totale
Identité infernale
Identité sale
Identité pâle
Identité paradoxale
Identité légale

Identité fatale
Identité foutrale
Identité tripale
Identité épiscopale
Identité nationale.

## Coup de Pieds

Le postérieur d'une croyance
Perché au premier rang
Et dévoué aux paresses
D'une simple tendance
Du prix du sang
Il suffit de former
avec des mains habiles
Ce qu'on voudrait montrer
Venant d'une terre fertile
Aux simples d'espérance
Le meilleur fournisseur
pour réduire la peur
Du postérieur de la croyance est
À défaut indiscutablement
Un formidable coup de pied.

## Des Mots

Glissant sur une pente de silence
Il n'y a plus rien à me dire
Il y en a qui croient à une décadence
Et moi au pire.

Il y en a qui disent rien
Pour peser la différence
Avec des choses sans lien
Au moins en apparence.

Hier encore les faux pas des dires
Hier encore les cris des mouettes
Cerclant autour des bêtises
À l'affût de quelques miettes.

Pourtant je sais que je t'aime
Encore et encore et tous les jours
Je te raconte mes peines
Je me tais sur ton amour.

Les mots sont cornés à peine formés
Dispersés aux lointaines pensées
Et naissent des paroles insensées
Les mots jetés sans savoir.

Qu'au bout il n'y a rien à voir
Il y a des mots qui aident

Qu'on garde en trésor
Les silences qui cèdent
Et parlent de tous les torts
Je t'aime mon amour,

Dis-moi que tu m'aimes encore
Aujourd'hui demain et toujours
Les mots de tendresse font corps.

## Marie-Fleurette

Ce matin, j'ai serré la main bien grasse
De mon voisin éloigné
Il me la tendue avec lourdeur
En avançant toute sa masse
L'œil lorgnant vers Marie-Fleur
Coquin, il secoua avec conviction
Mon pauvre avant-bras
Pompant frénétiquement
Pour que jaillisse la bonne solution
Que de toute façon je n'ai pas
Sauf de brasser du vent
Je le sais depuis belle lurette
Marie-Fleur n'est pas à négocier
Même, elle ne m'écoute pas
Avec qui elle pourrait faire la fête
Au bistro de l'herbier
Et de danser dans ses bras
Le mec de Marie-Fleur
conte ses aventures
Parce que le mec il y a
Avec des bras presque musclés.
Le corps bâti en petite stature
Lissé et pas un gramme de gras
Et un cœur sans foyer
C'est bien l'herbier en cause
C'est le mec de la Marie-Fleurette.
Il calcule en descendant

Les chiffres en les citant en prose.
Avec le montant en fête
Le sourire entre les dents
C'est que Marie-Fleurette
aime les frivolités
Le faire valoir de sa personne
Pour embellir ce qui fait
L'éclat de sa sublime beauté
Comme une voyelle avec sa consonne
Sucrée et froide comme un sorbet.

## Le Clown

T'as la liberté de voir
Avec ta tronche de métèque
Faite pour nous émouvoir
Rondeur de pastèque
Bizarre sans fin
Complice avec hasard
Tu sollicites notre pain
Tu cris comme un braillard.

Roi du profilage
Tu sais quoi faire
Pour nous guider au mouillage,
Ton navire en accostage
La sollicitude en équipière

Mille fois utile
Ton regard se perce sans faille
Aux horizons fluviatiles
Tricotés maille par maille

Ton visage peint en prose
Les yeux géants
Paroles virtuoses
Ma bouche béante

Mille fois utile
Ton regard se perce sans faille

Aux horizons fluviatiles
Tricotés maille par maille

Ris, sur mon roi
Fais moi rire
Sans toi, je ne crois
Ce que j'ai à te dire

Mille fois utile
Ton regard se perce sans faille
Aux horizons fluviatiles
Tricotés maille par maille.

# Sept cents mille, Sept cents millions

Quelque part au-delà de notre horizon
Au loin des pays de souvenirs
L'héritage d'un peuple sans désirs
Il ne reste même pas d'avenir.
Sept cents mille, sept cents millions,
Se souhaitent le bon appétit
Des centaines de milliers sans lit
N'ont même pas le souffle du pardon.
Au long des pays ensablés
Où on cultive les plants imaginaires
Avec un mortel savoir-faire
aux gestes endiablés.
Sept cents mille, sept cents millions,
De gens de bonne allure,
Couverts de belles parures
Sept cents mille, sept cents millions,
Labourer ou détruire,
démolir ou construire
Se couvrent de revendications.
Sept cents millions de questions.
Quelques kilogrammes de vie
Le cuir grillé au soleil
C'est toujours pareil, on n'a rien dit.
Sept cents mille, sept cents millions,
Les bras levés de tristesse,
Au son de la paresse

En regardant la mort à la télévision.
Peut-être il y aura demain
À l'aube de la prochaine journée
Sept cents millions de milliers
Rompant en partage leur pain.

## Adieu …

D'ici je tiens à te dire
Que t'as mauvaise mine
Aussi je t'offre mon souffle
Fut-ce que ce soit le dernier
Pour te dire que je m'en vais
Loin devant dans l'inconnu
Je pars à l'aventure
Je traverse les lumières
Pour voir tout ce que j'ai fait
Faire ce que je n'ai pas cru
Ne pleure pas
Réserve tes larmes
La vie t'en demande tous les jours
Garde-toi en mémoire
Que je t'aime en grand amour
Ici, là et partout
En aveugle, invisible en réalité
Il suffit de fermer tes yeux
Je serais devant toi
Niché dans la chaleur de ton âme.

# Vivre

Au clair de la lune on brise le jour
En forçant la nuit
Et en sautant les brumes du matin
Fertilisant les plaines
De la force de nos veines
De l'amour.
Constituant l'aubade de la veille
Créant ainsi l'espoir de la vie
De demain

## Erectus

Gloire à toi, illustre ancêtre
Que l'honneur de ma famille
Te vénère en maître
Et que nous soyons dignes
De tes exploits
Néandertaliens ou homo sapiens
Chinois ou pigmentaires
Africains ou Canadiens
Américains ou Sans Manières
Ou bien d'autres malins
Regarde bien ton portrait
C'est que t'es le cousin
De ton voisin.

## Pirouette

Pirouette, pirouette,
t'es vraiment chouette
pirouette, pirouette,
t'as l'air de faire la fête
Pirouette, pirouette,
c'est toi qui pète
Pirouette, pirouette,
tu n'es pas muette
Pirouette, pirouette,
sous la couette
Pirouette, pirouette,
tu chauffe mes boulettes

## Là où tu iras

Pour regarder tes yeux en festin,
Là, où nous bâtirons notre destin
En niche d'amour
Aux éclats de tous les jours.
Je sèmerai les fleurs
A la croisée de nos cœurs
Je te ferai goûter les mystères,
Les herbes de nos pères.
Et puis, de jour en jour
Dans notre niche d'amour.
Je t'habillerai des parfums
De mon désir.

# Viens faire la fête

Je te le dis,
Chante en vedette sous la couette.
Je te le dis,
Viens poser nos casseroles
Je te le dis,
Ce n'est pas des fausses paroles
Je te le dis,
Viens avec moi sous la couette.
Je te le dis,
C'est chouette avec moi de faire la fête
Je te le dis,
T'en perdras pas une miette.
Je te le dis,
L'amour sous la couette.
Je te le dis,
Viens jouer avec mes castagnettes,
Je te le dis,
Toi et moi en tête-à-tête
Je te le dis,
Ou bien en levrette sous la couette.
Je te le dis,
Tu chanteras en vedette sous la couette.
Et, ça je te le dis !

# La création en hypothèse

Le long des mémoires du temps passé
promesses et vérités en solitudes
les regards et vérités effacées
se sont sauvés en quelques turpitudes
La création à l'image en constitution
s'est transposée en hypothèse
de ceux qui savent élever la religion
en solides transcriptions d'anti-thèses.
Le fils est venu en vénération
forçant chemin dans les entrailles
de la mère en fin de la gestation
au chemin de ses futures funérailles
Que les Dieux des êtres en souviennent
que le passage d'Anacréon*
s'illustra en plaisance païenne,
en étalant ce qu'il recèlera.
Femme regarde l'homme s'ébattre,
évoque ses désirs en couche
sous la bénédiction de Polycrate**
versés gigotants de sa bouche.
Anacréon sera lui qui se croit
fort comme les tendresses
chantés en lyriques exploits
de ses douces caresses.
Infectés par les malices de ce monde
tu diriges l'âme en cercueil
la vie en fronde

l'espoir en deuil
Tourne-toi sans te retenir
l'autre sens n'est plus à voir
broies tes souvenirs
enfouis dans tes tares.
Sublime la beauté de ton regard
le mystère des énigmes
conservés par des scribouillards
dans la vérité des paradigmes
L'œil en partage vous soulage
de bien des maux dans les suffrages
Collés aux fesses
billets et promesses
circulant en kermesse
semblant d'être ou pas,
vous invitent à faire le faux pas.

***Anacréon**(en grec ancien Ἀνακρέων / Anakréôn), né vers 550 avent JC à Téos en Ionie mort vers mort vers 464 avant JC, est l'un des plus grands poètes grecs. Il fut surnommé Le chantre ou le vieillard de Téos.

** **Polycate de Samos**, Tyran de l'ile de Samos. De 532 à 528 avant JC.

# Cette Nuit ...

Cette nuit je n'ai pas fermé l'œil
C'est-à-dire que j'ai très peu dormi.
Cette nuit j'ai agité mon état pensif
Comme une révolution en cercueil.
Prisonnier de mon hors d'état,
Transpirant à rompre l'immobilisme.
Je me poursuis apostat,
je me pose le Panthéisme.*
Par trois fois j'ai écouté parler de loin
Des voix bercées par des nuages forts
D'abord mêlés, puis disjoints.
Reste à cultiver des remords
Demi-mort ou demi-vivant
Que de peines à y réfléchir
Chasser les condoléances
Je n'ai rien à leur dire.

\* Le **panthéisme** est un naturalisme de la divinité de la Nature. Le naturalisme, au sens propre, peut être défini comme une doctrine athée qui ne reconnaît d'autres principes que les lois ou forces de la Nature

## Que des mystères

Trébucher en recherche des mirages
ou des efforts de mal donne
Croire que la raison n'est plus en question
Puisque retenue en cage.

Il est peut être urgent que tu façonnes
le doux nuage du pardon.
Il faut bien que je le dise,
j'avoue, le temps ordonne la tonte
de mes pensées, délicatement jointes
aux paroles que j'ai prises
et semées près de la fiction.

C'est vers toi que je m'allonge.
Le conteneur suffisamment rempli
D'amitié, d'amour et sollicitude.
Nos cervelles ensevelies
Avec l'optimisme de nos espoirs.
On saura que la vie peut avoir
Une deuxième chance
Dans la béatitude de nos croyances,
Avant de se faire composter
nos restes organiques
donnant avec une toute timide puissance
la vie dont la terre se nourrit.

Paroles allouées, nuages pollués

claironnant dans un film noir
Fausses notes en expressions
transformées en détergent.
Bienvenue au purgatoire,
mettez-vous à l'aise,
allez-vous asseoir
Attendre la fin
de la messe du néant en kermesse.

Labourer les champs de la vie,
Éliminant les épines
de ce qu'on a trop dit
Mieux être rebelle
et bouger sous influence
d'une vie si belle
en profonde vibrance
Portons l'amitié,
l'amour et autres sentiments.

Forçons la folie
des êtres en contre sens.
Cramponne-toi, c'est devant.
Alimente ton espoir, ça carbure
Accroche-toi bien dans les virages.

C'est comme ça la charrette
qui nous emporte
loin de notre réalité

de tout ce que je souhaite
ce que j'aimerai connaître.

En cas de poursuite
il n'y a pas de contrainte
de débâcle en fuite
à défaut de porter plainte
sur les berges de la foire
aux plaisantins d'en rire
avec leur ventre à croire
au bénéfice de leurs dires.

Libre à toi mon ami
libre de dormir ou de veiller
libre d'être à l'ennui
ou enfin t'émerveiller
Pleurer sur les croyances
au pire des certitudes
jetées sur les balances
en équilibre des pourritures.

Écoute galoper les chevaux
ils portent les guerriers sabrés
témoins de tous les maux
et des autres délabrés.

Force-toi de regarder de loin
attrape ces miracles

il ne faut pas attendre demain.
Demain il y a d'autre spectacles.

## Corps épluché

Tu vois, c'est comme un économe
toute la vie on y pense.
Tu vois, c'est une question de chromosomes
en matière plus ou moins dense.

On y va en nu-pieds
step by step comme les anglophones
sur des champs fertilisés
battant la mesure en métronome.

C'est ainsi que le corps épluché
est mis à nu sans peau
au devoir de pelucher
pour voir ce monde dispo.

Tu peux te jeter en folie
et rire en haute voix
même avec la mélancolie
de devoir porter ton moi.

Faudrait garder sa pelure
aux facettes universelles
pour aller en mesure et fur
aux supports pédicelles.*

*__pédicelle__ est un ramification du pédoncule supportant directement la fleur ou pédoncule très court.

Bon voyage mon ami,
je te laisse, pour y aller
sous couvert de misogamie**
te permettant de parader.

**Misogame,** Celui ou celle qui hait le mariage.

## Fragile

On m'a dit que t'es de porcelaine,
Tu te dis fragile de peau,
Tu te habilles en cuir de porc et de laine
Pour avoir agréablement chaud.
Rien ne peut te protéger,
T'es fait comme ça,
Il n'y a rien à faire,
Venir te blottir dans le creux
De mon épaule
Ne fera te casser en morceaux.

Raconte-moi comment faire
Pour ne pas détruire
Tant de dises à ne pas dire.
Alors je m'apprendrai à caresser
Au long de ta fragilité
Si forte dans toute la beauté
Que le hasard de la vie
A bien voulu émietter sur ton chemin.

# Te dire

C'est ce que je voulais dire
C'est ce qui n'est pas le pire
De tout que ce j'aime

Sans paroles et sans problèmes
Égal au fond du chemin
Loin de toi, parfois sans fin.

J'ai voulu t'offrir le plaisir
Vivre, de te voir, de te dire
Que je jouis de ton désir.

Les abords sont si fragiles
Qu'il faudrait être dans tes bras
Ou me réduire en appât.

# Regarde

La ... la bas,
regarde bien,
regarde on dirait
de la lumière,
quelqu'un veut entrer

Ecoute, écoute bien,
ces pas,
ces bruits à mander.
Frotte ton regard,
les éclairs et les étoiles,
rien que pour te plaire.

Au rébus les on-dit,
les amours sans fard,
les rêves sans mirages,
les chemins sans fin,
les océans sans plages,
la vie sans fin.

Faut mieux pas dormir,
debout sans voir.
Faut mieux pas salir
pour émouvoir,
ce qu'on voulait dire,
mais que le silence
a rendu aveugle.

## La chance

Comme je vous vois autour de moi,
je me demande le sens que vous prenez
Picorer par ici, picorer par là,
tout cela en sens unique,
ou même en sens interdit.

Vraiment, c'est en contre sens,
puis que tout le monde
veut tourner dans le sens
de sa pensée profonde
soif du bon sens des choses.

C'est ce que moi aussi
je pense dans un sens
Vraiment c'est ce que je dis,
J'ai de la chance.

## Cours

Cours mon vieux,
cours le plus vite que tu peux.
Ne regarde pas, ne regarde plus,
fais comme tu veux,
mais libère-toi
de tes angoisses,
cours à perte de vue,
enjambe les merdasses
comme ce général
qui eut l'audace
de passer le fleuve
avec son armée.

N'aie pas peur de te noyer,
l'eau te portera
en source,
là, d'où tu reviens,
c'est là que tu vas aller.

## Ne pleure pas ...

C'est comme t'avais semé mes graines
en liberté dictatorialement surveillée.
C'est comme t'avais brisé tes veines
Il paraît que c'est le moment de payer.
La note s'est écrite en syllabes
à ne pas comprendre la suite,
on te racontes des fables
avant de te défoncer en fuite.
Et hop, c'est à toi de trier
ranger tous et toutes en ligne
Puis, la force de crier
avec ce sentiment con-digne.
Tu ne savais pas quoi dire
je t'ai mis au défi de rire
avec un léger sourire
tu as décidé de m'écrire
Comme t'es loin de ma plume
il faut bien que j'assume
même en plein de lune
tu resteras une idole anthume*
Je te regarde pour te perdre
je te regarde dans mon regard
comme des flots à égarer
dans les bruits des corbillards.
Le futur se brise sur les vents

\* **anthume** est l'antonyme de posthume

le futur se navigue rames fermes
Et suit des tribus de dérivants
pour finir le voyage à terme.
Destruction ou espoir, guerre ou paix.
Écris ta propre histoire
Regarde l'autre il est comme toi
Il oublie ce que tu dois savoir
Que tu n'es pas comme lui
Alors tu te crois libre de plaire
libre d'anéantir sa liberté de croire
que la paix saurait aveugler la guerre
libre d'ouvrir les bras et se taire,
ne plus rien dire
et le serrer contre toi.
Si je meurs, ne pleure pas
Tu sais, je ne suis pas vraiment mort.

Du même auteur :

**Le Dindon ou la Farce.** *Chroniques d'une vie ordinaire.*
février 2009. épuisé.

**Mots en Cafouille.** *Histoires courtes.*

| Tome | I   | juin 2013      | ISBN 978 232 203 0 149 |
|------|-----|----------------|------------------------|
| Tome | II  | août 2013      | ISBN 978 232 203 2 839 |
| Tome | III | septembre 2013 | ISBN 978 232 203 2 822 |

Correspondance auteur :

bertus@vandenheuvel.fr

23, rue des tulipes
70800 Fontaine les Luxeuil (Fr.)

Merci !